PREVIEW

Schottland – Die Highlands I

Von West bis Nordwest

PREVIEW

Schottland – Die Highlands I
Von West bis Nordwest

Ein Reise-Bildband zu den zauberhaften Plätzen eines aufregenden Landes

Mit vielen informativen Standortangaben und praktischen Tipps für Reisende, die motorisiert die Schottischen Highlands erkunden wollen.

Staffa Island

Auf regulären Straßen
in die Highlands

Dieser Reise-Bildband führt Sie auf landesüblichen Wegen und Straßen zu den Highlights eines betörend vielfältigen und geheimnisvollen Landes.
Erlebnisbeschreibungen, literarische Auszüge, Geschichten aus der Geschichte, Fakten aus der Geologie und anderen Bereichen geben Ihnen mit großformatigen Fotos einen Vorgeschmack auf das, was Sie auf einer Reise zur westlichen Atlantikseite Schottlands erwartet.
Dieser Band I beschreibt Touren und Ausflugsziele in der Region Argyll mit einem Radius von ca. 50–60 km Luftlinie rund um die Stadt Oban. Die Ausflüge sind in gedrängter Form in zwei Wochen und entspannt in drei Wochen zu schaffen. Der Band fasst Eindrücke und Erfahrungen des Autors zusammen, aus denen Ihnen praktische Tipps für unterwegs zufließen, die Sie in den klassischen Reiseführern nicht oder nur sehr schwer finden werden. Band II bringt Sie weiter zur Isle of Skye und über Ullapool nach Durness im Norden. Der letzte Band der Trilogie schließlich, begleitet Sie entlang der Nordküste und durch die Grampians bis zur Süd-Ost-Seite Schottlands.

Points of Interest – POI

Das Inhaltsverzeichnis gibt Ihnen eine Übersicht über die Points of Interest, die Ihnen in diesem Band vorgestellt werden. Sie sind, wie in Ihrem Navigationssystem, kurz POI genannt. Dabei handelt sich um sehenswerte Anlaufpunkte durch grandiose Landschaften sowie zauberhafte Gärten und Wälder und interessante Sehenswürdigkeiten aus Kultur und Geschichte.
Das Inhaltsverzeichnis ist zugleich Übersicht und Orientierungssystem. Die Seitenziffern korrespondieren mit den entsprechenden Ziffern auf dem ausklappbaren POI-Finder an der hinteren Umschlagseite. Die farbigen Punkte auf der Karte markieren die Orte der jeweiligen Abbildungen sowie deren Kategorie. Unterwegs aufgenommene Fotos ohne Ortsnamen, sind mit „View" bezeichnet. So lassen sich auf der Karte sofort attraktive Ziele mit schöner Aussicht oder ungewöhnlichem Blickpunkt erkennen und zu erlebnisreichen Ausflügen verbinden.

Die Farbzuordnungen der POIs verteilen sich auf folgende vier Kategorien.

Burgen, Schlösser und Ortschaften

Gärten, Parks und Wald

Landschaften und Naturkulissen

Auf dem Wasser

Doch mit Sicherheit werden Sie auf und während Ihrer Streifzüge durch Schottland viele weiter POIs entdecken. Allein schon das Verlassen der Hauptstraßen sorgt für manche Überraschung.

Inhalt

Auf ein Wort

Wäre ich vor die Wahl gestellt, Schottland mit einem Edelstein zu vergleichen, so fiele sie auf den Opal – farbig changierend und mystisch geheimnisvoll. Sonne, Regen und Nebel, Ocker und Braun neben Grün, Blau und Gelb im Wechsel oder sämtliche Grauabstufungen wirken ständig auf das Gesicht von Städten und Landschaften ein und bilden doch ein konzertiertes Ganzes, das sich uns als Schottland vorstellt. Bisweilen wähnt man sich in Island oder der Tundra, erhaben und still, so, als hätte gerade eben die letzte Eiszeit ihre Gletscher abgezogen. An anderen Stellen wiederum erobern sich dichte, grüne Wälder freien Lebensraum und beleben ihn mit einem zauberhaften Ensemble verschiedenster Bäume, die über und über mit Bartflechten und Irischem Moos bewachsen sind. Das Unterholz ist mit satt grünen Moosteppichen bedeckt, die aus allem Kantigen sanfte Wölbungen machen. Und überall tropft, sickert und fließt Wasser aus Rinnsalen und Bächen in Pfützen, Tümpel und Teiche, denn der Boden in Schottland ist saftig. Und es wäre nicht fair, den Verursacher dieser „Saftigkeit", dieses Wasserreichtums, außen vor zu lassen – den Regen.

Er kommt in allen Spielarten daher: Als Sprühregen, wenn die Wolken die Erde berühren, als sanft fallender Landregen, heftiger Starkregen, von vorn, von hinten, um einen herumtanzend doch nie hart und brutal, eher weich und zart doch nasser als anderswo. Reißt die Wolkendecke auf, taucht die flacher als bei uns einfallende Sonne alles in ein einzigartiges Licht und lässt Farben erstrahlen wo und wie man sie kaum vermutet hätte. Erheiternder und klarer als sonstwo, um im nächsten Moment wieder von den atlantischen Wetterlaunen eingeholt zu werden. Man sagt auch, Schottland sei nicht von der Sonne verwöhnt, sondern vom Licht.

Diese Wechsel vom Regen zur Sonne, vom Nebel zu Klarheit, vollziehen sich oft von Ort zu Ort im Stundenrhythmus. Wenn es am Ausgangspunkt einer Tour regnet, ist am Zielort womöglich Sonnenschein, oder auch nicht, oder umgekehrt. Je nachdem.

In Schottland finden sich Orte und Regionen menschenleerer Einsamkeit, zauberhafter Vegetation, archaischer Geologie und sagenumwobener Mystik – und das alles erleb- und erreichbar während einer Tagestour.

Dieser Reise-Bildband möchte Ihnen diesen Opal näher bringen. Oft strahlend, doch auch tiefgründig, verregnet grau, leuchtend hell und hier und da auch Respekt einflößend schaurig. Schottland ungeschminkt, abseits aller Schönwetterbilder – so, wie es ist und so, wie Sie es erleben werden. Schottland ist so launisch wie ein Opal und das Licht, das auf ihn fällt.

Dies ist der 1. Band der Reihe PREVIEW, einer lockeren Folge von Reise-Bildbänden. Ausgangspunkt, der in diesem Band beschriebenen Tagesausflüge, ist Oban; ein quirliges Hafenstädtchen, in dem einer der hervorragendsten Single Malt Whiskys destilliert und gereift wird. Manche der Ausflugsorte liegen dicht beieinander und können, je nach Naturell oder Interessenlage des Reisenden, an einem Tag besucht werden. Sie sind allesamt in drei Wochen gut zu schaffen – Erholung inklusive.

Alle hier erwähnten Ziele sind auf regulären Straßen erreichbar, ohne spezielles geländegängiges Fahrzeug und ohne Trekking Führer. Doch lassen sie genügend Freiräume für eigene Entdeckungen offen. Es lohnt sich auch enge Pässe zu bewältigen, obwohl auf den kleinen Nebenstraßen, die in der Regel Single Track Roads sind, eine gewisse Angespanntheit immer mitfährt. Ein gutes Nervenkostüm ist bisweilen vonnöten, wie die Fahrt nach Carsaig auf Mull. Probieren Sie es aus, dann werden Sie wissen, was ich meine. Ein wenig Abenteuer darf schon sein, um sich die Plätze zu erobern, die in klassischen Reiseführern oft nur oberflächlich Erwähnung finden. Überhaupt sind die Straßen in Schottland nicht immer aber oft in schlechtem Zustand, sodass ein Ziel in ca. 80 Straßenkilometern Entfernung, mit Hin- und Rückweg inklusive Aufenthalt und Zwischenstopps, einer guten Tagestour entspricht.

Dieser Reise-Bildband möchte Ihre Sinne ansprechen und Appetit machen. Gleich einem „Amuse-Gueule“ aus der Landschaftsküche Ihres Reiseziels. Er sagt nichts aus über Öffnungszeiten und Kontaktdaten, und er empfiehlt keine Museen. Er möchte lediglich anonymen Landkarten ein Gesicht geben und jedem klassischen Reiseführer eine bildgewaltige Ergänzung sein.

Der begleitende Text schildert Eindrücke des Autors oder berühmter Reisender aus vergangenen Zeiten. Er berichtet über Geschehnisse aus der Geschichte oder wartet mit Auszügen aus literarischen Werken und Wissenswertem aus Geologie und anderen Bereichen auf – alles ganz entspannt und amüsant. Oftmals wird auch gar nichts ausgesagt, einfach, um das Bild wirken zu lassen und dem Dargestellten Raum zur Entfaltung zu geben. Der Reise-Bildband möchte Ihnen einen Vorabeindruck des Bestimmungsortes vermitteln und Ihnen die Planung Ihrer Reise vereinfachen. Er möchte Ihnen ein Gefühl für das Land vermitteln, das Sie besuchen möchten.
Sollten Sie sich wundern, dass lediglich Frühjahrsbilder zu sehen sind, so liegt das einfach daran, dass in den Monaten Juni bis August die Midge – Schottlands Stechmücke – ihr Unwesen treibt. Ab September sind die Plagegeister dann wieder verschwunden.

Dieser Band ist be- und geschrieben, fotografiert und gelayoutet von einem Reisenden, den die wohltuende Einsamkeit, die Weite und Ruhe dieser herben Schönheit am Rande des Atlantiks zutiefst beeindruckt hat. Doch nicht nur wegen der überwältigenden Natur, sondern auch wegen des außerordentlich freundlichen Naturells seiner Bewohner.

Also gehen wir es an, und beginnen in Oban.

Loch Melfort

Oban

Gemessen an der eher geringen Zahl seiner Einwohner, ca. 8.500 Bürger, ist das Städtchen äußerst umtriebig. Queen Victoria, die eine große Liebhaberin Schottlands war, soll einst gesagt haben: „One of the finest spots we have seen".

Oban liegt geschützt in einer Bucht hinter der Insel Kerrera. Im Stundentakt legen hier die Fähren zu den Inneren- und Äußeren Hebriden ab. Wer sein Auto mitnehmen möchte, sollte mindestens zwei Tage vorher seine Tickets in der Tourist Information Obans buchen. Denn die Plätze sind sehr begehrt.
Übrigens: Die Tourist Information befindet sich auf diesem Bild hinter dem Fotografen.

Es gibt zwei Tankstellen in Oban: die erste am Ortseingang an der A 85 von Norden kommend; die zweite im Gewerbegebiet am Südausgang der Stadt. Sie gehört zu dem Supermarkt Tesco am Lochavullin Drive. Das ist wichtig zu wissen, denn das Tankstellennetz in Schottland ist sehr dünn besetzt.

1897. Der Winter ist hart. Die Arbeit ist rar. Es ist nicht viel los, in dem kleinen grauen Städtchen am Meer. Einzig im Überfluss vorhanden, sind Männer und Whisky – und Not leidende Familien. Der ortsansässige Bankier John Stuart McCaig sieht mit Sorge, was aus Männern wird, wenn sie keiner lohnenden Aufgabe nachgehen können. Frust und Ohnmacht machen aus Testosteron einen hochbrisanten Sprengstoff.

… und die Schotten sind kernige Burschen.

So fasste McCaig einen kühnen Entschluss: Sie sollen ihm einen Turm bauen, auf seine Kosten und zum Ruhme seiner Familie. Da alle Familienmitglieder jedoch bis 1904 verstarben oder verarmten, wurde der Turm im Inneren des Rings nie fertig gestellt. Was blieb, ist der Ring, als kolossales Wahrzeichen Obans.

Das Aulay's, Traditionspub im Zentrum Obans, unmittelbar beim Argyll Square an der George Street. Gutes Essen, gutes Bier, guten Whisky, gute Laune.
☛ www.aulaysbar.com

BAR
WINES & SPIRITS
SECOM
FOOD
LIVE HERE

JACKSON BROS.
PURVEYORS OF
SCOTTISH
CRAFT BUTCHERS

Very scottish.
Eine gute Adresse für Self Caterer, an der George Street gelegen.

Nicht unerwähnt bleiben, darf der Whisky.
In der Oban Distillery wird ein bei Kennern sehr geschätztes Stöffchen gemälzt, gemaischt und zweimal destilliert.
Im Grunde genommen gleicht die Herstellungsweise der des Bierbrauens. Nur wird der Maische der Alkohol entzogen und das Destillat in besonderen Fässern über mehrere Jahre gereift.

ISTILLERY
4

Die Bucht von Oban bei Traumwetter.

Hier am Firth of Lorne, knapp 5 km nördlich von Oban, fand sich um das Jahr 1220 ein aussichtsreicher Bauplatz für die Errichtung von Dunstaffnage Castle.

Dunstaffnage Castle

Eine Augenweide vor der Schlossruine.

Dieses trutzige Schloss wurde 1220 für den MacDougall Clan gebaut. Eingenommen wurde es 1309 vom damaligen schottischen König und ehemaligen Widerstandskämpfer gegen die englische Krone Robert the Bruce. 1746 wurde Flora MacDonald im Zuge der Feindseligkeiten zwischen den Schotten und den Engländern in Dunstaffnage inhaftiert. Dafür, weil sie Bonnie Prince Charlie nach dessen Niederlage gegen die Engländer bei Culloden zu einer spektakulären Flucht auf die Isle of Skye verhalf. Zur Tarnung hatte sie den Prinzen als ihre Zofe verkleidet.

Mit der Fähre zur
Isle of Mull

Duart Castle

Für eine stabile Zukunft gerüstet:
Duart Castle, im 13. Jahrhundert erbaut, Sitz der MacLeans.
Auf der Südost-Spitze der Isle of Mull, strategisch günstig gelegen,
bewacht es die Einfahrt in den Sound of Mull.
Eine Besichtigung lohnt sich.

Die A 849 führt von dem Fähranleger Craignure in Richtung Süden durch den Glen More bis zu dem Örtchen Fionnphort (ca. 1 ¼ Std. Fahrt), Ausgangspunkt zu der Fähre nach Iona und den Ausflugsbooten nach Staffa Island.
Von einem Parkplatz aus bietet sich diese genussvolle Aussicht auf den Ben Buie (rechts) mit seinen Seen.

Auf der A 849

Isle of Mull

Ein einsamer Laster schaukelt auf der A 849 durch eine Tiefebene kurz vor Pennyghael. Die Straße ohne Namen, die in Pennyghael nach Carsaig abzweigt, wird er sicher meiden. Doch diese Straße nehmen wir, um durch einen zauberhaften Wald an eine der ruhigsten Buchten Schottlands zu gelangen.

Die Highland-Rinder genießen alle Freiheiten.
In Fionnphort sonnen sie sich sogar am Strand.

Auf der Straße ohne Namen nach Carsaig

Was sagt man dazu?
Dieses Telefon funktioniert.
Es steht an der Straße,
die von Pennyghael nach
Carsaig führt.
Gegenverkehr?
Unerwünscht!

Auf der Straße zwischen Pennyghael und Carsaig

Zu Fuß entlang eines Farnwalds in die Bucht von Carsaig.

Die Klippen von Carsaig.
Kein Mensch weit und breit.
Von den Ruinen der Carsaig Pears aus ca. 5–10 Minuten Fußweg.

Bay of Carsaig

Meer, Wind, Weite.
Das sanfte Rauschen der Wellen.
Allein mit der Natur.
Ein Ort zum Verweilen.

Staffa Island

Auszug aus dem Band „Mein Schottland" von Ida Gräfin Hahn-Hahn aus dem Jahr 1848:
„Um halb acht Uhr früh schifften wir uns zu der letzten Fahrt ein. Die Insel Staffa mit der Fingals Höhle – ein Name bei dem wir sogleich an eines der seltensten Wunderbilder der Natur, an eine ihrer poesiereichsten Schöpfungen denken – war unser Ziel."

Weiter berichtete die Gräfin Ida Hahn-Hahn:
„Die hohe Brandung gestattete uns nicht die Kahnfahrt in die Fingalshöle zu machen. Wir mussten bei einem Damm von abgebrochenen Säulen landen, die an Farbe dunklen Baumstämmen, an Form einem Honigwaben glich, und der eine raue Treppe bildete, auf der wir zur Höhle und in sie hinein gelangten."

Heute wissen wir, dass dieses *„seltenste Wunderbild der Natur"* vor 60 Millionen Jahren in Form von Flutlava aus der Gluthölle des Erdmantels herausgedrückt wurde. Unfassbar große Mengen an Magma stiegen durch eine senkrechte Erdspalte empor, bis sie auf eine undurchdringliche Schicht Gesteins stießen. Dort breitete sich die dünnflüssige Lava zwischen zwei Gesteinsschichten aus, ähnlich wie Wasser zwischen zwei Glasplatten. Als der Druck aus dem Erdinneren nachließ, begann die glühende Masse zu einer Flutbasaltdecke zu erkalten. Die obere Schicht erstarrte etwas schneller und zersprang durch Spannungsrisse, die darunter liegende wurde dadurch nach oben hin isoliert und bekam so mehr Zeit zum Erkalten und zum Ausprägen seiner typischen Kristallstruktur. Die Reichweite der ausgetretenen Magmadecke erstreckt sich bis zu den heutigen Inseln Mull (Mull Plateau Group), Skye (Kilt Rock) und Nordirland (Giant's Causeway).

Hier tobte einst die Hölle auf Erden. Doch sie hinterließ uns diesen unvergleichlichen Ort, der so viele Künstler zu einmaligen Werken inspirierte.

Leben auf nacktem Fels.
Der immer wiederkehrende
Kreislauf der Schöpfung.

„Aus dem wogenden und wallenden Meer, aus dem weißen zerfließenden beweglichen Schaum, aus Allem was für unser Aug und für unsere Phantasie keine Basis hat, kein Fundament gewährt, schießen wie schwarze Kristallstrahlen, wie schlanke Palmenstämme, die Säulen so fest und ruhig und gradeauf, als ob sie in einer bewegungslosen Ewigkeit wurzelten. […] Man sieht sie förmlich wachsen, diese Säulen!“

Ida Gräfin Hahn-Hahn

Fingals Cave – Ida Gräfin Hahn-Hahn: *„O, von welcher phantastischen Schönheit ist sie! – ein Tempel für einen Geisterkönig – […].“*

Der Komponist Felix Mendelssohn Bartholdy hat sich von der Höhle zu der Overtüre seiner 3. Sinfonie, der *Schottischen Sinfonie*, inspirieren lassen: *Die Hebriden, Op 26 „Fingals Cave“*.

Ida Gräfin Hahn-Hahn: *„Wer hätte nicht von ihrer wundersamen Basaltformation gehört? – Ihre Oberfläche bietet nichts als ein wüstes Heideland dar, aber ihre steil abfallenden Küsten zeigen Grotten, Colonaden und Höhlen von so regelmäßigen Basaltsäulen, dass ein ungelehrtes Geschöpf wie ich nicht begreift aus welcher Laune der Natur sie entsprungen sind. Man meint die Menschenhand müsse nachgeholfen haben um sie so scharf und bestimmt zu formen; aber – diese wilde Kühnheit, diese nachlässige und nutzlose Größe haben deren Werke nicht."*

Staffa Island: Obwohl es viele Touranbieter gibt und die Besucher zahlreich sind, bleibt es ein unvergleichlicher Ort.

Iona ist eine wunderschöne, dem Südwestzipfel der Isle of Mull vorgelagerte, kleine Insel.
Sie lädt zum Spazieren und Entspannen ein. Scheint die Sonne, so lässt sie alles
in karibischen Farben leuchten.
Wer einmal dem magischen Charme dieses Fleckchens Erde erlegen ist, den wundert es nicht,
dass fast alle schottischen Könige hier ihre letzte Ruhe gefunden haben.
Iona ist von Fionnphort aus, in kurzen Zeittakten mit der Fähre erreichbar.

Lovely Iona

Die Geschichte des Klosters lässt sich bis in das Jahr 563 zurückverfolgen, als der Heilige Columban mit der Errichtung begann. Zwischen 797 und 1069 wurde es im Zuge mehrerer Wikingerüberfälle teils völlig zerstört, aber immer wieder aufgebaut, letztendlich dann doch aufgegeben. Erst im 12. Jahrhundert begann man unweit des alten Klosters mit der Errichtung der Iona Abbey, wie sie heute noch existiert.

Man sagt, der Klosterfriedhof sei die letzte Ruhestätte fast aller schottischen Könige – selbst MacBeth fand hier sein Grab.

Die farbenfrohen Häuser von Tobermory sind zweifelsohne ein „Eye Catcher“.
Sie dienten einmal in einer englischen Kinderserie als Kulisse. Der Hauptort der Isle of Mull, mit ca. 950 Einwohnern und einer Whiskybrennerei, lädt zum flanieren und entspannen ein.

Tobermory

Zurück zum Festland

An der A 828, auf halber Strecke zwischen Oban und Glencoe, liegt der kleine Ort Appin. Von einem Aussichtspunkt aus, hat man einen schönen Blick auf Loch Linnhe mit dem Towerhouse „Castle Stalker".

Appin - Towerhouse

Castle Stalker

Wer von Glencoe Village aus auf der A 82 in den Glencoe eintaucht, den überkommt eine gewisse Ehrfurcht. Je tiefer er eindringt, je mehr fühlt er sich von dem tiefen Tal aufgesogen. Die massigen, knorrigen Buckel links und rechts des Wegs – hier zwei der *Three Sisters* – erscheinen wie schlafende Riesen, die man besser nicht aufwecken sollte.

Auf der A 82 durch den Glencoe

Durch den Glencoe ritten einst die England treuen Campbells zurück nach Inverary Castle, nachdem sie auf Druck des englisch/schottischen Königs William III. in den 1690er Jahren die MacDonalds massakrierten – des Nachts und in ihren Betten. Dabei waren die Campbells Gäste der MacDonalds. Das heimtückische Massaker wurde nach einem mehrere Tage andauernden Gelage verübt. Die ganze Familie sollte ausgelöscht werden, denn die MacDonalds galten aus der Sicht Englands als aufrührerisch. Heute erinnert ein Mahnmal in Glencoe Village an das Verbrechen.

Den Glencoe hat einst, wie alle Trogtäler in Schottland, ein Gletscher der letzten Eiszeit ausgefräst. Er war Teil der 1,6 km dicken Eisdecke, die Großbritannien bedeckte. Noch heute wirkt es hier, als sei diese Ära eben erst zu Ende gegangen.

Ganz unauffällig, dicht bei einem Ski Gebiet gelegen,
zweigt die schmale, unbenannte Single-Track-Road von der A82 in den Glen Etive ab.

Vom Glencoe in den
Glen Etive

Die Straße führt bis an die Nordspitze des Loch Etive, der ca. 7 km nördlich von Oban, bei Connel, vom Firth of Lorne abzweigt.

An dieser Stelle fragte „M“ James Bond in *Skyfall*: „Und hier sind Sie aufgewachsen?“
Bond: „Mhm.“

Rauschen.
Stille.
Sonst nichts.

Folgt man der A82 weiter, so öffnet sich der Glencoe an seinem Ostende in die Weite des Rannoch Moors. Eine der letzten verbliebenen Wildnisse in Europa.
Wer dem Moor mehr Aufmerksamkeit schenken möchte, der kann mit der West Highland Railway das Moor von Oban bis Fort William gefahrlos durchqueren.
Es ist schon aufregend, durch eine entvölkerte Landschaft zu reisen, die ihren Frieden vor der Eroberung der Zivilisation wahren konnte.

Rannoch
Moor

Nichts für Leichtsinnige. Professionell geleitete Wanderungen sind jedoch möglich. Ohne ortskundigen Führer ist das Moor ein Risiko, voller eiskalter, todbringender Fallen.

Nebelgeflüster!

Von der A 85 zweigt zwischen Lochawe und Dalmally die beidseitig bewaldete A 819 ab. Nach kurzer Zeit schon, kommt man zu einem schmalen Parkstreifen. Hier öffnet sich ein Durchblick auf Kiltchurn Castle, das sich offensichtlich nicht gern finden lassen möchte. Es versteckt sich gern im Regen, der hier in dieser Wetterecke oft fällt, und man ist im Dunst schnell daran vorbei gefahren.

Keine Schlacht und keine Belagerung sondern ein Blitzschlag streckte diese Burg nieder. Sie brannte aus und wurde daraufhin aufgegeben. Das war 1760, errichtet wurde sie bereits 1420 als Wohnschloss.
Man erzählt sich von allerlei Exzentrikern, die einst die Ruine bewohnt haben sollen. U. a. die „Hexe von Kiltchurn", die sich im Nachbarort immer ihren Tabak geholt hat…

Das Schloss, das nicht gefunden werden will

Kiltchurn Castle

Dieses Landschaftsarrangement bei Kiltchurn Castle hätte auch der Romantiker Caspar David Friedrich auf seine Leinwand bannen können.

Direkt beim Parkstreifen von Kiltchurn Castle betritt man diesen Wald. Ein Ort wie aus dem *Herrn der Ringe*.

Mai: Wiese im Park von Inverary Castle, dem Sitz der Campbells und Stammsitz des *Dukes of Argyll*.

Paläste und Hütten

Schlösser. Orte aus Märchen, Sagen und Legenden. Von den Menschen bewundert, welch Schönes, menschlicher Schöpfungsgeist zu erschaffen vermag.
Doch sind sie nicht auch zu Stein gewordene Macht? Gewachsen auf Frohn, Kriegsbeute und kolonialer Plünderungen?

Inverary Castle

Allzeit bereit, für den Kampf um die Macht. Waffenschau im Foyer des Schlosses.

Lebensraum für Kultur und Gesellschaft.

Auchindrain Village

Nehmen Sie sich eine Stunde Zeit, für einen Besuch in einem typischen Dorf der Bauern und Schafzüchter vergangener Jahrhunderte. Festes Schuhwerk ist vonnöten.

Lebensraum der Bauern und „einfachen" Leute.

Die ehemals aufgegebene landwirtschaftliche Siedlung Auchindrain, direkt an der A 83 gelegen, ist 1995 auf Grund ihrer hohen kulturellen Bedeutung in die Kategorie A der schottischen Denkmallisten aufgenommen worden. Auchindrain zeigt sehr eindrücklich das Leben der Menschen jenseits von Schlossmauern, Gärten und Prunkgemächern.

Crarae Woodlands Garden

Crarae Garden wurde 1912 von Lady Grace Campbell angelegt. Sie war die Tante des unerschrockenen Pflanzenjägers Reginald Farrer, der viele seltene und exotische Bäume und Büsche aus China, Nepal und Tibet für die Anlage des Gartens mitgebracht hatte. Ein Besuch dieses Gartens, der wie Inverary und Auchindrain an der A 83 liegt, ist in jedem Fall empfehlenswert.

Gartenbau
wie gewachsen.

Azaleenblüte
nur im Mai.

Der „Höhe-Punkt" in Crarae Woodlands Garden – die Aussicht auf den Loch Fyne.

Loch Craignish

Rund 32 Kilometer südlich von Oban an der A 816 gelegen.

Arduaine Garden

Der Sound of Jura bei Traumwetter mit dem dicht bewachsenen Arduain Garden.

Arduaine Garden ist so ganz anders als Crarae Garden. Im Jahr 1898 begann man den Garten anzulegen. Es war die Zeit, in der die Menschen nach exotischen Kuriositäten aus fernen Ländern dürsteten.

Arduaine liegt auf einem felsigen Vorgebirge der Nordspitze des Sound of Jura und erfreut sich der milden Temperaturen der Nord Atlantik Drift. Dies erlaubt das Anpflanzen verschiedenster Pflanzen aus Ostasien bis Südamerika.

Island Moos. So typisch für Schottland wie der Ginster.

Der Sound of Jura bei „Schietwetter“.
Trotzdem reizvoll.

Die Clachan Bridge – die „Brücke über den Atlantik", wie sie genannt wird. Erbaut 1791 und heute noch im Dienst. Man erreicht sie über die B 844, einer gewundenen und buckligen Single Track Road, die ca. 14 Kilometer südlich von Oban von der A 816 abzweigt.

Barcaldine Forest

An dieser Brücke beginnt der einstündige Spazierweg durch den bezaubernden Wald von Barcaldine, direkt an der A 828 gelegen.

Diese Bildkollage war nötig, weil zwei der hier im Bild vereinten Motive nur im Hochformat zu haben waren. Die Klamm links im Bild und – erkennen Sie ihn – den bewachsenen Baumstamm rechts im Bild.

Ginster: die Pflanze, der Sie im Frühjahr auf Schritt und Tritt begegnen werden und die aus Schottland so wenig wegzudenken ist wie der Whisky. Hier, im Abendlicht am Weg zur Ardmucknish Bay.

Benderloch

Ab und an regnet es auch bei schönem Wetter – Regenschauer über Oban.
Ins Auge gefallen, während eines Abendspaziergangs in der Ardmucknish Bay, direkt bei Benderloch.

Abendstimmung vor abziehender Regenfront,
Licht von schräg hinten, 400 mm Tele, ohne Stativ.

Entlang der A 828 und der A 82 zum Ben Nevis

Ein Findling – Relikt aus der eisigen Vergangenheit Schottlands.
Gefunden am Loch Linnhe, dem am weitesten ins Land reichenden Atlantikfjord.

Gebirgs Skyline mit Loch Linnhe.
Ein reizvoller Stop auf einem Parkplatz an der A 82.

Loch Linnhe

FISH & CHIPS
travelodge
THE BEN BAR
LIVE SPORTS
LIVE

Auf dem Weg liegt unausweichlich Fort William, am südlichen Zipfel des Grand Glen gelegen. Unmittelbar hinter dem reizvollen Städtchen, in Richtung Norden, zweigt die Straße in den Glen Nevis ab.

William HILL
BOXING
NOW AVAILABLE ON
PLUS
TERMINALS
Wide range of markets and fights available
WHEN THE FUN STOPS STOP
BAR
LIVE HERE
KENNEDY LANE

Längs des Städtchens mit seinen rund 5.900 Einwohnern lädt die Einkaufsmeile zum Shoppen und Verweilen ein. Dass dieser Ort eine wichtige Verkehrsdrehscheibe ist, bemerkt man erst außerhalb des Zentrums. Sie verteilt den Verkehr zwischen Inverness, Edinburgh, Glasgow, Oban und dem Norden. 1650 gründete Oliver Cromwell hier die Festung Fort Inverlochy, um die sich der Ort entwickelte. 1690 wurde die Festung durch William III. in Fort William umbenannt.

Wie ein flüssiger Opal schillert das Wasser des River Nevis im Glen Nevis, direkt beim Ben Nevis Visitor Center.

Die Straße im Glen Nevis windet sich entlang verwunschener Wälder auf der einen und kahler Höhenzüge auf der anderen Seite.

Ab hier wird es unwegsam.

Der Ben Nevis – für Bergwanderer ein sehr anspruchsvolles Terrain – zeigt sich nur an einem von zehn Tagen. Die restlichen neun Tage verbringt er gerne im Nebel. Hier vom Ben Nevis Visitor Center aus gesehen.

Ein Viadukt der berühmten „Hogwarts Strecke" überspannt die Südspitze des Loch Ailort an der A 830, die von Fort William zu dem Küstenstädtchen Mallaig führt. Von dort laufen die Fähren zur Isle of Skye aus. Der berühmte Glenfinnan Viadukt aus den Harry Potter Filmen war wegen Überfüllung des Parkplatzes leider nicht erreichbar.

Auf der A 830 nach Mallaig

Loch Ailort

Stille.

Auf der Fähre zur Isle of Skye.
Man nennt sie auch, die Insel wo der Himmel das Meer berührt.

Zur Isle of Skye

Tipps und Hinweise

Straßen
Das Straßennetz ist dicht – doch qualitativ nicht so gut, wie wir es aus Deutschland gewohnt sind. Viele Hauptverkehrsrouten haben kein befestigtes Bankett. Es ist also ratsam, nur an Parkbuchten anzuhalten, um einer Sehenswürdigkeit ein paar Minuten zu gönnen. Gefahren wird bekanntermaßen links. Für den Ungeübten kann es schon eine Herausforderung sein, am Edinburgh Airport in ein unbekanntes Auto zu steigen, auf der rechten Seite zu sitzen, den Schalthebel links zu haben und unmittelbar nach Übernahme des Fahrzeugs durch drei zweispurige Kreisel auf die Autobahn zu gelangen.

Auch das Fahren auf den einspurigen Single-Track-Roads erfordert ein wenig Übung, da es immer abzuschätzen gilt, für wen ein Einschwenken in eine der zahlreichen, aber in Sichtweite liegenden Ausweichbuchten möglich ist. Generell ist zu sagen, dass die Schotten sehr zuvorkommende Fahrer sind und das Fahren auf den einspurigen Straßen schnell zur Routine wird. Es gibt jedoch auch Straßen, wie die über den Quaraign oder die Küstentraße nach Lochinver (Band II), auf denen man lieber nicht im Dunkeln oder im Nebel fahren möchte. Auf den Karten sind sie weiß eingezeichnet und haben oft keinen Namen.

Ortschaften in Schottland haben so ihren eigenen Charakter. Oftmals sind es Streusiedlungen mit einer sehr überschaubaren Anzahl an Häusern. Verlassen Sie sich nicht zu sehr auf Adresseingaben in ihr Navi, da es hier und da weder Straßennamen noch Hausnummern gibt. Viele Häuser, wie z. B. B&Bs, haben Eigennamen. Hier hilft oft nur, einen Ortsansässigen zu fragen, sie sind sehr hilfsbereit. Womöglich steigt er in sein Auto und fährt wegweisend vor Ihnen her.

Tankstellen
Das Tankstellennetz in Schottland ist nicht sonderlich dicht. In der Regel gibt es Tankstellen in größeren Orten oder an wichtigen Verkehrsknotenpunkten, doch selten auf freier Strecke. Ratsam ist, generell mit genügend Reserve zu fahren.
Die Rückgabe eines geliehenen Fahrzeugs sollte immer mit gefülltem Tank erfolgen. Oft ein schwieriges Unterfangen, da es auch an Autobahnen in Stadtnähe so gut wie keine Tankstellen gibt. Hier gilt es, die Autobahn zu verlassen, sobald ihr Navi eine Tankstelle anzeigt.

Ticketbuchungen – Fähre – Ausflüge
Wenn möglich, sollten Sie Ihre Tickets mindestens zwei Tage vor einer Überfahrt oder einem Ausflug in einer Tourist Information buchen. Die Plätze auf einer Autofähre sind oft schon einen Tag vorher belegt, auch die von Mallaig zur Isle of Skye! Einfach hinfahren und sagen: „Wir möchten mit", kann in einer unangenehmen Überraschung enden. Und Mallaig ist kein Ort, in dem man gerne übernachten möchte.
Einen Ausflug nach Staffa oder zu anderen Inseln sollten Sie in Oban buchen – und unbedingt aufs Wetter achten. Eine stürmische Überfahrt ist nicht Jedermanns Sache und die Tourboote sind keine großen Dampfer!
Die Tourist Information in Oban ist für Buchungen aller Art, die Anlaufadresse schlechthin.

Übernachtungen
Sollten Sie von einem fixen Ort aus Ausflüge in die Region vorhaben, so empfielt es sich, ein Hotel oder ein Cottage zu buchen. Der Vorteil eines Cottages besteht darin, dass Sie Ihre eigene Privatsphäre leben können. Unabhängig vom Wetter und von Uhrzeiten, erlaubt es Ihnen zu schlafen und zu essen, wie es Ihnen beliebt.

Die günstigen und weit verbreiteten B&Bs bieten Ihnen diese Freiheiten nicht, da Sie in der Regel nach dem Frühstück Ihr Zimmer verlassen müssen und nicht vor einer bestimmten Uhrzeit zurückkehren dürfen. Für eine Rundreise mit ständig wechselndem Aufenthaltsort sind sie, neben einem Hotel, jedoch eine gute Wahl.

Essen und Trinken

Hier Empfehlungen auszusprechen, ist ein wenig riskant. Wer mit Fish & Chips klarkommt, dem bieten sich eine Vielzahl an Möglichkeiten seinen Hunger zu stillen. Restaurants aus dem asiatischen Raum sind nie verkehrt. Für unterwegs bieten sich an Tankstellen und in Supermärkten sehr schmackhafte Sandwiches an. Möchte man gehobenen Essgenuss, sollte man einen entsprechenden Führer zu Rate ziehen. Auffallend war bislang, dass die Küche besser wurde, je weiter man in den Norden Schottlands vorgedrungen war. Im „Strathy Inn", einem B&B in einer ehemaligen Poststation mit Restaurant, fanden wir eine hervorragende und bezahlbare Küche. Das war 2016, ob es heute noch so ist, kann ich Ihnen nicht sagen.

Kleidung

Wind- und regendicht sollte sie sein. Auch etwas Warmes für darunter ist oft vonnöten. Es empfiehlt sich eine Kleidung nach der „Zwiebelmethode" in mehreren wechselbaren Schichten, denn, wenn das Wetter sonnig wird, kann es schnell sehr warm werden. Da sollte man eine Schicht Kleidung bequem ablegen können, ohne schlecht dazustehen.

Reisezeit

März/April und *September/Oktober* ruhig aber mit hoher Regenwahrscheinlichkeit.
Der *Mai* ist wegen der Blütezeit sehr farbenfroh und bietet vorwiegend gutes Wetter.
Juni, Juli und *August* ist Hauptsaison doch auch regional sehr mückenreich.
November bis *Februar* ist nicht empfehlenswert. Einmal wegen des Wetters. Und zum anderen sind viele B&Bs geschlossen.

Tesco

Eine Filiale dieser Supermarktkette findet sich in jedem größeren Ort. Er ist vergleichbar mit unseren Rewe und Edeka Märkten. Auch Lidl und Aldi sind vertreten, jedoch nach meiner Erfahrung nur in größeren Ortschaften. Wichtig zu erwähnen ist, dass bei Tesco Märkten oft auch eine Tankstelle zu finden ist.

Whisky

Wer möchte nicht gerne einmal eine Whisky Destillerie besuchen. Keine Angst, die Proben im Anschluss an eine Führung beschränken sich auf ganz kleine Mengen, sodass man keine Befürchtungen hegen muss, dass damit die in Schottland geltende 0,5 Promille Grenze überschritten wird.

Preise

Das Leben in Schottland ist generell teurer als in Deutschland. Dies gilt sowohl für den Einkauf von Lebensmitteln wie auch den Besuch von Lokalen. Der Benzinpreis ist jedoch annähernd so hoch wie bei uns. Das liegt wohl daran, dass Schottland selbst Öl fördert.
Doch der Besuch eines Outlet Centers lohnt sich. Denn man bekommt nicht selten die bei uns so teure britische Markenkleidung wie „Barbours" zu einem sehr günstigen Preis. Wer sich dem Wetter angepasst kleiden möchte, ist hier goldrichtig.

Schlussbemerkung

Ich hoffe, ich konnte Ihnen mit diesem Reise-Bildband ein lebendiges Bild von Schottland zeichnen. Natürlich wäre es vermessen, alles gesehen oder erlebt zu haben. Wenn er Ihnen das vormals Unbekannte etwas bekannter gemacht hat, so hat er seine Absicht erfüllt. Für Ihre Entdeckungstour hält Schottland noch eine Menge weiterer „Points of Interest" bereit.

Wenn Sie möchten?

Schottland
Die Highlands II – Nordwest bis Nord
Die Reise geht weiter, mit Band II der PREVIEW Reise-Bildbände.

Band I endete auf der Überfahrt zur „Isle of Skye". Band II führt Sie weiter rund um und quer durch die „Insel des Nebels" wie sie im gälischen genannt wird. Sie beeindruckt mit ihren unvergleichlichen, teils bizarren Landschaften und Küstenabschnitten.
Durch die Einsamkeit des „Wester Ross" geht es weiter nach Ullapool mit seiner aufregenden Umgebung bis zum Endpukt dieses Reiseabschnitts – in Durness im Norden.

Schottland
Die Highlands III – Nord bis Südost
Der letzte Teil der Reise rund um die Highlands endet mit Band III.

Entlang der Nordküste führt der Weg zu einsamen Buchten, Sandstränden und steil abstürzenden Klippen. Durch die entvölkerten Zentralhighlands kommen wir zum Loch Ness und in die Grampians. Von dort ostwärts nach Elgin mit seinen verschlafenen Fischerörtchen an der Nordeeeküste.
Und last but not least – Edinburgh.

Die PREVIEW Reise-Bildbände werden jedoch fortgeführt – mit weiteren interessanten Reisezielen und ihren speziellen POI's.

Impressum

176 Seiten mit 87 doppelseitigen Abbildungen
zus. 8 weitere Abbildungen, 1 Karte

Titelbild: Hans Jürgen Wiehr

Bibliografische Informationen der Deutschen Nationalbibliothek

Die Deutsche Nationalbibliothek verzeichnet diese Publikation in der Deutschen Nationalbibliografie; detaillierte bibliografische Daten sind im Internet über http://dnb.d-nb.de abrufbar.

ISBN: 978-3-96176-062-6

Konzept- und Text: Hans Jürgen Wiehr
Lektorat: Annette Nünnerich-Asmus
Gestaltung: Hans Jürgen Wiehr

Printed in Germany by Nünnerich-Asmus Verlag & Media
Weitere Titel aus unserem Verlagsprogramm finden Sie unter:
www.na-verlag.de

Quellen
Textauszüge Staffa Island aus Ida Hahn-Hahn, „Mein Schottland“, erschienen im Nünnerich-Asmus Verlag, 2015, ISBN 978-3-945751-30-5

Bildnachweis
Alle Bilder vom Autor
Seiten 64 bis 69 sowie Stadt- und Burgmotiv Seite 174: Fotolia
Hintergrundbild Seiten 174/175 mit freundschaftlicher Genehmigung: Paul Schons